Парамаханса Йогананда

(1893 – 1952)

Жить бесстрашно

Как раскрыть в себе силу души

Избранные фрагменты лекций
и письменных работ

Парамахансы Йогананды

Основу книги «Жить бесстрашно» составляют фрагменты лекций, неформальных бесед и письменных работ Парамахансы Йогананды. Первоначально они были опубликованы в его книгах, статьях журнала *Self-Realization* (основан им в 1925 году), трех томах его избранных лекций и эссе, а также других печатных изданиях общества Self-Realization Fellowship.

Название англоязычного оригинала, издаваемого обществом
Self-Realization Fellowship, Лос-Анджелес, Калифорния:
*Living Fearlessly:
Bringing Out Your Inner Soul Strength*

ISBN-13: 978-0-87612-469-7
ISBN-10: 0-87612-469-4

Перевод на русский язык: Self-Realization Fellowship

Copyright © 2019 Self-Realization Fellowship

Все права защищены. Без предварительного разрешения Self-Realization Fellowship перепечатка (за исключением кратких цитат для рецензий) и распространение книги «Жить бесстрашно: Как раскрыть в себе силу души» (*Living Fearlessly: Bringing Out Your Inner Soul Strength*) в любой форме — электронной, механической или любой другой, существующей сегодня или в будущем, включая фотокопирование, звуковую запись или хранение ее в информационных и принимающих системах — является нарушением авторских прав и преследуется по закону. За справками обращайтесь по адресу: Self-Realization Fellowship, 3880 San Rafael Avenue, Los Angeles, California 90065-3219, USA

 Авторизовано Международным Издательским Советом Self-Realization Fellowship

Название общества *Self-Realization Fellowship* и его эмблема, помещенная выше, присутствуют на всех книгах, аудио- и видеозаписях, а также других публикациях SRF, удостоверяя читателя, что он имеет дело с материалами организации, которая основана Парамахансой Йоганандой и передает его учения точно и достоверно.

Первое издание на русском языке, 2019 год
First edition in Russian, 2019

Издание 2019 года
This printing, 2019

ISBN-13: 978-0-87612-862-6
ISBN-10: 0-87612-862-2

1745-J5064

В своей «Автобиографии йога» Парамаханса Йогананда пересказал следующую беседу со своим гуру Свами Шри Юктешваром:

— Гуруджи, я хотел бы услышать что-нибудь о вашем детстве.

— Что же, расскажу тебе кое-что, и у каждой истории будет своя мораль! — глаза Шри Юктешвара многозначительно блеснули. *— Однажды мать пыталась напугать меня ужасным рассказом о привидении, появляющемся с наступлением темноты в одной из комнат нашего дома. Я тотчас же пошел туда и очень разочаровался, не встретив обещанного призрака. Больше мама мне страшных историй не рассказывала. Мораль: посмотри страху в глаза, и он не будет больше тебя тревожить.*

Содержание

Сделайте свою жизнь божественным приключением 1

Мысли для укрепления бесстрашия 10

Действенное противоядие от страха и беспокойства 14

Очищайте свой ум от шумов страха 19

Бесстрашный ум и здоровое тело 28

Да смогу я одолеть свой страх 30

Как избавиться от беспокойного сознания 32

Лев, который стал овцой 42

Непобедимый Лев истинного «Я» 47

Путь к неизменному бесстрашию: познание своей бессмертности посредством медитации 49

Обретите внутреннюю уверенность, что Бог с вами 59

Быть бесстрашным — значит иметь веру в Бога .. 66

Эпилог: «Стойте непоколебимо посреди крушения миров» 74

Серия «Искусство жить»

Предисловие

«Самореализация — это знание телом, умом и душой, что мы едины с вездесущностью Бога и нам не нужно молиться о ней; что она не просто рядом с нами в каждый миг нашей жизни, но что вездесущность Бога — это наша собственная вездесущность и мы сейчас — такая же частица Бога, какой будем всегда. Нам нужно лишь усовершенствовать это знание».

— Парамаханса Йогананда

В серии публикаций «Искусство жить» Парамаханса Йогананда обращается к представителям всех культур, рас и религий: он рассказывает, как освободить себя от физической, умственной и духовной дисгармонии, чтобы достичь прочного счастья и всестороннего успеха.

Книги этой серии изобилуют мудрыми наставлениями Парамахансаджи и его ближайших учеников, освещая самые разные темы и даря читателю духовную проницательность вкупе с практическими советами о том, как привнести в свою повседневную жизнь внутренний баланс и гармонию — саму сущность йоги. Практикуя медитацию и применяя в жизни универсальные принципы правильного поведения и настроя, очерченные в этой книге, вы сможете непрестанно расширять свое осознание Божественного.

Все книги серии посвящены разным темам, при этом через каждую из них красной нитью проходит одно важное послание: *прежде всего ищите Бога*. Говоря о выстраивании приятных отношений с людьми, воспитании духовности в детях, преодолении разрушительных привычек и мириадах других задач и вызовов современной жизни, Парамаханса Йогананда вновь и вновь обращает свое внимание на высочайшее свершение из всех возможных — Самореализацию, познание своей истинной божественной сущности. Вдохновение и воодушевление, которые несут его инструкции, учат нас быть победителями в жизни — преодолевать ограниченность, страх и страдания, пробуждаясь навстречу необъятной силе и радости нашего истинного «Я» — души.

— *Self-Realization Fellowship*

Жить бесстрашно

Как раскрыть в себе силу души

Сделайте свою жизнь божественным приключением[1]

Жизнь — это самое грандиозное приключение, какое только можно себе вообразить! Жизнь некоторых людей скучна и безынтересна, но бывают и жизни, полные удивительных переживаний. И все же попытка разгадать тайну Духа — величайшее приключение в этом мире.

Станьте себе другом, познав свою божественную природу

Приключение с дикими зверями в Южной Африке — ничто по сравнению с приключением самой

---

1 Фрагменты из лекции «Величайшее приключение человека», прочитанной в Главном международном центре SRF в Лос-Анджелесе. В полном объеме эта лекция представлена в книге Парамахансы Йогананды «Вечный поиск» (серия «Избранные лекции и эссе»).

жизни. Ни одно историческое повествование не может сравниться с ним по своей увлекательности. Наделенный разумом человек знает, как защитить себя от диких зверей, но не знает, как защитить себя от своих дурных привычек и плохих поступков. Самый большой враг человека — сам человек. Если он стоит на неверном пути, он должен бояться самого себя больше, чем своих личных или национальных врагов; больше, чем микробов, бомб и всех других видов угроз. Пребывать в неведении своей божественной природы и находиться под властью плохих привычек — значит делать из себя своего собственного врага. Самый лучший способ добиться успеха в этом приключении жизни — стать себе другом. Кришна говорил: «Истинное „Я" — друг [преображенного] „я", но враг материалистичного „я"»[2].

Скрытые враги

Мы легко можем представить себе, как отправляемся исследовать незнакомую дикую страну. Если

---
2 Бхагавад-Гита VI:6.

бы мы поплыли на корабле, мы бы захотели взять с собой спасательную шлюпку. Тогда, если бы корабль вдруг стал тонуть, мы бы знали, что можем прыгнуть в шлюпку и спастись. Однако в реальной жизни наша спасательная шлюпка часто протекает, несмотря на все принимаемые нами меры.

Вы можете принять разумные меры, чтобы оградить себя от диких зверей в джунглях, но скрытую опасность преодолеть уже гораздо труднее. Как защитить себя от роя микробов? В каждый момент мы окружены миллионами микробов. Природа строит заградительный барьер из клеток, но он эффективен только в том случае, если тело способно сопротивляться. Эта жизненная борьба в невидимых внутренних джунглях идет постоянно!

Для того чтобы безопасно продвигаться по джунглям жизни, вы должны иметь соответствующее оружие и амуницию. Мудрый человек, вооруженный для отражения любой атаки, — болезни, судьбы, кармы, плохих привычек и злых помыслов, — становится победителем в этом приключении. Это требует осторожности и в то же время владения методами, которыми мы можем одолеть наших врагов.

Бог дал нам сильнейший инструмент защиты — ум. Он сильнее пулеметов, электричества, отравляющего газа или любого лекарства. Его-то нам и нужно укреплять. Самое главное в приключении жизни — это взять под контроль свой ум и держать этот контролируемый ум постоянно настроенным на Господа. В этом и есть весь секрет успешного, счастливого бытия. Самый легкий способ победить болезнь, разочарования и несчастья — быть постоянно сонастроенным с Богом.

Высшая Помощь приходит, когда мы сонастроены с Духом

Мы словно младенцы в лесах жизни: попав в западню болезней и плохих привычек, мы вынуждены учиться на собственном горьком опыте. Вновь и вновь мы должны взывать о помощи. Но Высшая Помощь приходит, лишь когда мы сонастроены с Духом.

Всякий раз, когда вы проходите через серьезные испытания, молитесь: «Господи, Ты во мне и вокруг меня. Я в крепости Твоего присутствия. Всю жизнь я боролся с разнообразными смертельными врагами. Теперь я вижу, что на самом деле они не призваны уничтожить меня. Ты послал меня на землю, дабы проверить мою силу. Я прохожу через эти испытания лишь для того, чтобы показать свою готовность сражаться с окружающим меня злом, и я одолею его всемогуществом Твоего присутствия. Когда же приключение моей жизни подойдет к концу, я смогу сказать: „Господи, мне было трудно проявлять отвагу и сражаться. Но чем сильнее был мой страх, тем мощнее становилась моя внутренняя сила, данная Тобою; с ее помощью я победил и осознал, что сотворен по Твоему образу и подобию. Ты — Царь Вселенной, а я Твое дитя, принц Вселенной. Мне нечего бояться"».

Стоит вам вообразить себе, что вы были рождены человеком, как вам тут же есть чего бояться. Очевидно, что от этого нельзя скрыться. Какие бы меры вы ни предпринимали, в них всегда найдется место упущению. Ваше единственное прибежище — в Боге. Будь вы в африканских джунглях или на войне, поражены болезнью или нищетой, просто обращайтесь к Господу с чувством глубокой веры: «Я продвигаюсь по полю боя жизни в бронемашине Твоего присутствия. Я защищен».

Нет другого способа обрести защищенность. Используйте здравый смысл и полагайтесь полностью на Бога. Я не предлагаю вам ничего эксцентричного, я лишь призываю вас с верой повторять, несмотря ни на что, такую истину: «Господи, только Ты можешь мне помочь». Многие попадали в колею болезней и плохих привычек и так и не выбрались оттуда. Никогда не говорите, что не можете найти выхода. Ваше несчастье лишь временно. Неудача в одной жизни не может служить мерилом вашего успеха или его отсутствия. Настоящему победителю неведом страх, ибо он говорит: «Я — Божье дитя. Мне нечего бояться». И ничего не бойтесь. Жизнь и смерть — это всего лишь разные процессы, протекающие в вашем сознании.

Осознайте бессмертность своей души

Все, что создает Бог, предназначается для того, чтобы испытать нас, чтобы дать нам возможность осознать погребенную внутри нас бессмертность души. В этом и заключается приключение жизни, единственная ее цель. И у каждого из нас свое собственное приключение, уникальное в своем роде. Вы должны быть готовы решать все проблемы здоровья, ума и души здравыми методами и верой в Бога, зная, что и в жизни, и в смерти душа остается непобедимой. Вы никогда не умираете. «Оружие не может рассечь душу, огонь не может ее сжечь, вода не может ее поглотить, ветер не может ее иссушить... Душа неизменна, вездесуща, всегда спокойна и невозмутима»[3]. Вы — вечный образ Духа.

Разве это не утешение для ума — знать, что смерть не может нас поразить? Когда к вам приходит болезнь и тело перестает работать, душа думает: «Я

---
3 Бхагавад-Гита II:23–24.

мертва!» Но Господь встряхивает душу и говорит: «Что с тобой? Ты не мертва. Разве ты не продолжаешь мыслить?» Представьте себе: солдат находится на войне, снаряд поражает его тело. Его душа плачет: «О Боже, меня убили!» А Бог отвечает: «Ничего подобного! Не ты ли говоришь со Мной сейчас? Ничто не может тебя уничтожить, дитя Мое. Тебе это снится». Тогда душу осеняет: «Это не так уж и ужасно. Это мое временное земное сознание, отождествлявшее меня с физическим телом, заставляло меня думать, что его потеря означает мой конец. Я забыла, что на самом деле я бессмертная душа».

Цель нашего жизненного приключения

Настоящие йоги умеют контролировать свой ум в любых обстоятельствах. Когда такое совершенство достигнуто — вы свободны. Тогда вы знаете, что жизнь — это божественное приключение. Иисус и другие великие души доказали это.

Вы положите конец этому жизненному приключению, только когда силой воли и ума победите все опасности, как это сделали Великие души. Тогда, оглянувшись назад, вы сможете сказать: «О Господь, мне было нелегко. Я был близок к поражению, но теперь я навеки под Твоей защитой».

И вы воспримете жизнь как прекрасное приключение, когда Господь наконец скажет: «Все эти ужасные переживания позади. Теперь Я с тобой навеки. Ничто не сможет причинить тебе вреда».

Человек играет в жизнь словно ребенок, но преодоление болезней и трудностей укрепляет силу его ума. Самый большой ваш враг — все, что ослабляет ваш ум, а все то, что укрепляет его, является вашим прибежищем. Смейтесь над всеми своими трудностями. Знайте, что в Господе вы вечны.

Мысли для укрепления бесстрашия

Используйте каждое жизненное испытание как возможность улучшить себя. В трудные времена вы обычно внутренне восстаете, говоря: «И почему это случилось именно со мной?» Вместо этого думайте об испытании как о киркомотыге, которая поможет вам разрыхлить почву вашего сознания и найти сокрытый в ней родник духовной силы. Каждая трудность должна пробуждать вашу внутреннюю силу, которая присуща вам как Божьему дитя, сотворенному по Его образу и подобию.

Испытания предназначены вовсе не для того, чтобы уничтожить нас. Только те, кто проявляет трусость и не ведает о совершенном образе Бога внутри себя, начинают негодовать и признают свое поражение, словно их испытания непреодолимы.

Вы — Божье дитя. Чего вам бояться?

Ни при каких обстоятельствах не позволяйте страху управлять вашим умом и волей. Всегда смотрите страху прямо в глаза. Чтобы преодолеть тревожное состояние, постарайтесь устранить внешние причины страха и ободрить свой ум.

Неустанно взращивайте в себе бессмертную силу души посредством медитации и общения с Богом. Используйте эту силу для борьбы со всеми своими трудностями.

Из трудной ситуации всегда можно найти выход. Если вы будете отводить время на то, чтобы ясно обдумать случившееся и поразмышлять о том, как избавиться от первопричины своей проблемы, при этом не тревожась о ней, вы станете хозяином своего положения и настоящим победителем.

Почему бы вам не развернуть машину своей жизни, пока она не переехала вас?

Постоянно произносите аффирмацию: «Ничто не может навредить мне. Ничто не может нарушить мой внутренний покой». Осознайте, что вы такой хороший, такой сильный, каким только может быть человек. Вы должны больше верить в себя.

Тот, кто верит в божественность своей души — своей истинной сущности — и чье сердце исполнено любви к Богу и веры в Его всемогущество, быстро обретает освобождение от страданий. Свет веры ведет его сознание из темного мира смертных ограничений в царство Бессмертия.

Вера подразумевает знание и убежденность в том, что мы сотворены по образу Божьему. Когда мы сонастроены с Его сознанием, пребывающим внутри нас, мы можем создавать целые миры. Помните: за вашей волей стоит всемогущая сила Господа.

Действенное противоядие от страха и беспокойства

Многие люди приходят ко мне, чтобы поделиться своими проблемами. Я призываю их сесть в тишине, погрузиться в медитацию и помолиться; после того как придет чувство покоя, можно начать думать обо всех возможных путях решения проблемы. Когда ум спокоен и сосредоточен на Боге, и когда вера в Бога сильна, человек сам находит решение проблемы. Простое игнорирование проблем не решит их, равно как не решит их и беспокойство.

Медитируйте до тех пор, пока не почувствуете покой; затем переведите все свое внимание на проблему и глубоко помолитесь о Божьей помощи. Сконцентрируйтесь на проблеме, и вы найдете решение, не впадая в изнуряющий ступор волнений и тревог.

Помните: исполненная покоя медитация на Бога лучше миллиона умозаключений. Почувствовав этот покой, скажите Ему: «Господи, я не могу решить свою проблему самостоятельно, хотя и перебрал в уме множество разных вариантов. Я могу решить эту проблему, если только вручу ее Тебе — испросив сперва Твоего водительства, а затем рассмотрев проблему со всех сторон».

Бог помогает тем, кто помогает самому себе. Если после молитвы, вознесенной к Богу в медитации, ваш ум спокоен и исполнен веры, вы видите множество вариантов решения своих проблем. И, поскольку ваш ум спокоен, вы способны выбрать лучший из них. Следуйте ему, и вы добьетесь успеха. Вот так наука религии применяется в повседневной жизни.

Страх развивает злокачественный магнетизм, который притягивает к себе объекты страха, тем самым умножая наши невзгоды. Страх в сотни раз усиливает нашу физическую боль и душевную агонию. Он разрушителен для сердца, нервной системы и мозга. Он парализует инициативность, мужество, рассудительность, здравомыслие, самоконтроль, силу воли и инстинкт самосохранения. Страх притупляет наше воображение и чувства, и через них он может заставить подсознание полностью подавить волевые усилия сознательного ума. Страх погашает свет интуиции, затеняя собой могучую силу присущей нам уверенности, которая исходит из всепобеждающей души.

Когда вам грозит опасность, не сдавливайте своим страхом созидательный механизм сознания. Вместо этого используйте страх как побудитель, который направит этот внутренний механизм на создание какого-нибудь психологического инструмента, способного мгновенно устранить саму причину страха. Такие психологические инструменты устранения страха неисчислимы в своих вариациях, поэтому они должны создаваться во всемогущем механизме сознания по специальному заказу — согласно особым индивидуальным потребностям каждого человека. Итак, когда вам угрожает какая-либо опасность или болезненное переживание — действуйте! Делайте что-то спокойно, делайте что-то быстро, но обязательно *делайте* что-то, собрав в кулак всю свою волю и рассудительность. Сила воли — это своего рода пар, движущая сила, активизирующая механизм действия.

Искореняйте в себе страх, концентрируясь на мужестве

Страх перед неудачей или болезнью развивается путем «прокручивания» в сознании мыслей-опасений до тех пор, пока они не укоренятся в подсознании и сверхсознании. Затем опасения, пустившие свои корни в подсознании и сверхсознании, начинают давать всходы, наполняя сознание ростками страха, которые уже не так просто уничтожить, как изначальные опасения. И эти ростки в конце концов приносят свои смертоносные плоды.

Если вам не удается с помощью сознательного волевого усилия избавиться от страха болезни или неудачи, постоянно отвлекайте свой ум чтением интересных книг, которые могут поглотить все ваше внимание, или даже предавайтесь каким-нибудь безобидным развлечениям. Тогда ваш ум забудет, что ему пристало мучить себя страхом. Затем решительно возьмитесь за выкорчевывание из своей повседневной жизни корневых причин неудач и болезней, используя разнообразные психологические инструменты.

Искореняйте эти причины с помощью волевой концентрации на мужестве и переключения своего внимания на абсолютное Божественное спокойствие внутри вас. Как только вам удастся психологически искоренить негативное чувство страха, сразу же сконцентрируйтесь на конструктивных методах обретения процветания и здоровья.

Очищайте свой ум от шумов страха[1]

Когда вы пытаетесь настроить радиоприемник на конкретную станцию, зачастую возникают помехи — шумы, которые не дают вам послушать передачу. То же самое происходит, когда вы стремитесь к личному преображению: вашему продвижению могут препятствовать «помехи». Такими помехами являются ваши плохие привычки.

Другим видом шумов, воздействующим на ваше ментальное радио, является страх. По аналогии с полезными и вредными привычками, страх может быть либо конструктивным, либо губительным. Например, женщина может сказать: «Моему мужу не понравится, если я пойду в гости сегодня вечером, поэтому

---

1 Фрагменты из лекции «Очищайте радиоэфир ума от шумов страха», прочитанной в храме Self-Realization Fellowship в Энсинитасе. В полном объеме эта лекция представлена в книге Парамахансы Йогананды «Вечный поиск» (серия «Избранные лекции и эссе»).

я останусь дома». Ее решение мотивируется страхом, проистекающим из любви, — конструктивным страхом. Любящий страх и страх рабский — это две разные вещи. Я говорю о любящем страхе, который делает человека осторожным, чтобы тот не причинил ненужной боли другим. Рабский страх парализует волю. Члены семьи должны иметь любящий страх, но не должны бояться говорить друг другу правду. Намного лучше совершать определенные действия из чувства долга или жертвовать своими желаниями из любви к другому, чем совершать эти действия из страха. Отказываться нарушать божественные законы вы должны из любви к Богу, а не из страха перед наказанием.

Страх не может войти в спокойное сердце

Страх исходит из сердца. Когда вас охватывает чувство страха перед болезнью или несчастьем, следует несколько раз вдохнуть и выдохнуть — медленно, глубоко и ритмично, — расслабляясь после каждого выдоха. Это помогает нормализовать циркуляцию крови. Если ваше сердце совершенно спокойно, вы не можете испытывать чувства страха.

Волнение и тревога пробуждаются в сердце мыслями о страданиях, следовательно, страх обусловлен предыдущим опытом: может быть, когда-то вы упали и сломали ногу, и теперь боитесь повторения этого опыта. Заостряя внимание на своих опасениях, вы парализуете волю и нервы, и может случиться так, что вы опять упадете и сломаете ногу. К тому же, когда страх парализует сердце, уровень вашей жизнеспособности снижается, и у возбудителей болезней появляется шанс вторгнуться в ваш организм.

Будьте осторожны, но не боязливы

Вряд ли в мире найдется человек, который не испытывает страха перед болезнью. Страх дан человеку как инструмент осторожности, чтобы уберечь его от боли, а не для того, чтобы человек его взращивал и злоупотреблял им. Злоупотребление страхом подрывает наши усилия по предупреждению проблем.

Опасаться чего-либо из осторожности — благоразумно. Скажем, вы ознакомились с принципами правильного питания и сказали себе: «Этот торт я есть не буду. Он мне может пойти не на пользу». А вот беспричинное опасение как раз вызывает болезнь, оно — настоящий возбудитель всех недугов. Страх перед болезнью притягивает саму болезнь. Вы навлекаете ее на себя своими мыслями о ней. Если вы боитесь простуды, вы становитесь более уязвимы, несмотря на все предпринимаемые вами меры.

Не дайте страху парализовать вашу волю и нервы. Беспокойство, которое не проходит вопреки вашему желанию, способствует возникновению именно той ситуации, которой вы опасаетесь.

Вам также не следует проводить слишком много времени с людьми, которые постоянно обсуждают свои и чужие болезни и недомогания: постоянно думая об этой теме, вы можете посеять семена опасений в своем уме. Тот, кто беспокоится, что умрет от туберкулеза, рака, сердечного приступа, должен изгнать этот страх, иначе он навлечет на себя эти нежелательные состояния.

Те, кто уже болен и слаб, нуждаются в максимально приятной атмосфере, в окружении сильных и оптимистично настроенных людей, способных вдохновить их на положительные мысли и чувства. Мысль обладает великой силой. Те, кто работает в больницах, редко болеют благодаря своему мысленному настрою на неуязвимость. Их энергия и сила мысли повышают их жизнеспособность.

Поэтому, когда вы становитесь старше, не говорите людям свой возраст, иначе они будут ассоциировать его с утратой здоровья и жизнеспособности. Мысль о преклонном возрасте порождает беспокойство, лишающее вас жизненной силы. Так что держите свой возраст в тайне. Говорите Богу: «Я бессмертен. Со мной Божье благословение: я наделен хорошим здоровьем. Спасибо Тебе, Господи!»

Итак, будьте осторожны, но не боязливы. Принимайте меры предосторожности, следуя время от времени очистительной диете, чтобы предупредить возможное развитие болезни. Делайте все зависящее от вас, чтобы устранить причины заболеваний, и будьте абсолютно бесстрашны. Повсюду столько всяких микробов; если вы станете их бояться, вы вообще не сможете наслаждаться жизнью. Здесь не помогут никакие санитарные меры: если бы вы могли рассмотреть под микроскопом свой дом, у вас бы навсегда пропало желание есть!

Техники «отключения» страха

Если какая-то проблема внушает вам страх, перестаньте о ней думать и вручите ее Богу. Верьте в Него. Большинство страданий вызывается именно беспокойством. Зачем страдать сейчас, когда болезни нет? Поскольку большинство наших болезней появляются от страха, отбросьте страх, и вы сразу станете свободны. Ваше исцеление будет мгновенным.

Каждую ночь перед сном повторяйте: «Небесный Отец — со мной. Я защищен». Мысленно окружайте себя Духом, Его космической энергией, и думайте: «Каждый микроб, который вздумает меня атаковать,

Очищайте свой ум от шумов страха

будет убит электрическим током». Три раза скажите нараспев «Аум»[2] или «Боже». Это станет вашим щитом. Вы почувствуете Его хранящую силу. Будьте бесстрашны. Это единственный способ быть здоровым. Если вы общаетесь с Богом, Его истина передастся вам, и вы познаете, что вы — нетленная душа.

Всякий раз, когда вы испытываете страх, кладите руку на грудь в области сердца, потирайте это место слева направо и говорите: «Отец, я свободен. Очисти радио моего сердца от шумов страха». Аналогично тому как вы устраняете помехи в обычном радио, вы можете потирать область сердца слева направо, непрерывно концентрируясь на мысли, что

---

2 Согласно священным писаниям Индии, *Аум (Ом)* — первооснова всех звуков, универсальное слово-символ, характеризующее Бога. Ведический *Аум* стал священным словом *Хам* у тибетцев и *Аминь* — у египтян, греков, римлян, мусульман, иудеев и христиан. *Аум* — звук, который пронизывает все сущее и исходит от Святого Духа (Незримая Космическая Вибрация; Бог в Своей ипостаси Творца); это «Слово», или «Утешитель», в Библии; это голос мироздания, свидетельствующий о Божьем Присутствии в каждом атоме. В Уроках *Self-Realization Fellowship* Парамаханса Йогананда обучает техникам медитации, практика которых позволяет услышать Бога как *Аум*, или Святой Дух. Это благословенное общение с невидимой Божественной Силой («Утешитель же, Дух Святый…» [Ин. 14:26]) является истинно научной основой молитвы.

страх покидает ваше сердце. Страх уйдет, и вы сможете почувствовать Божью радость.

Страхи исчезают, когда вы устанавливаете контакт с Богом

Страх постоянно преследует вас. Он отступает, только когда вы вступаете в контакт с Богом. Так зачем же ждать? Посредством йоги вы можете установить с Ним контакт.

Когда я только начинал свой путь, моя жизнь была хаотична; но я не переставал прикладывать усилия, и постепенно все прояснилось для меня самым чудесным образом. Все, что случалось, указывало мне на то, что Бог есть и что Его можно познать в этой жизни. Найдя Бога, вы обретете такую уверенность и такое бесстрашие! Ничто другое уже не будет иметь значения, вас уже ничто не сможет устрашить. Вот почему Кришна призывал Арджуну бесстрашно принять бой жизни и одержать духовную победу: «Не поддавайся малодушию: оно тебе не подобает.

О Испепеляющий врагов, стряхни эту ничтожную слабость! Поднимись!»[3]

---
3 Бхагавад-Гита II:3.

Бесстрашный ум и здоровое тело

(пересказ древней притчи)

Однажды некий святой, медитируя поздно ночью, узрел, как в его деревню входит призрак ужасной болезни — оспы.

— Остановитесь, мистер Призрак! — вскричал он. — Уходите. Вы не должны учинять боль деревне, в которой я воспеваю Бога.

— Я заберу лишь троих, — ответил призрак, — в соответствии с моей высокой кармической миссией.

Святой лишь грустно кивнул в знак молчаливого согласия.

На следующий день три человека умерли от оспы. Однако через день скончались еще несколько человек. И каждый последующий день от этой страшной болезни умирало все больше и больше жителей деревни. Посчитав, что его вероломно обманули, святой погрузился в глубокую медитацию и призвал призрака оспы. Когда тот явился, святой отчитал его:

— Мистер Призрак, вы обманули меня. Вы говорили неправду, когда обещали, что заберете только троих.

Но призрак ответил:

— Именем Великого Духа, я говорил правду.

Святой настаивал:

— Вы обещали взять лишь троих, но от болезни умерло огромное количество людей!

— Я и в самом деле забрал только троих, — ответил призрак, — а всех остальных убил их собственный страх.

Вы должны воскресить свой ум от осознания болезни, от мыслей о ней. Вы — неуязвимый Дух; но сейчас вашим умом управляет ваше тело. А должно быть наоборот — это ум должен управлять телом.

Чего вы боитесь? Вы бессмертны. Вы не мужчина и не женщина, как вам может показаться, вы душа — блаженная и вечная.

Да смогу я одолеть свой страх
(молитва)

Дай мне понимание бессмысленности страха, чтобы я смог его одолеть. Да не подавят мои дурные предчувствия ту безграничную силу, которая позволяет мне, Твоему дитя, успешно проходить через все жизненные испытания.

Освободи меня от парализующей боязни. Да не буду я воображать в уме бедствия и несчастные случаи, чтобы своей мыслью о них не притянуть их к себе.

Вдохнови меня, чтобы я смог довериться Тебе, а не только лишь человеческим мерам предосторожности. Осознав, что Ты всегда со мной, я смогу быть в полной безопасности там, где над моей головой свистят пули или меня окружают смертоносные бактерии.

Да не вздрогну я перед мыслью о смерти. Помоги мне запомнить, что за этим телом ангел смерти придет лишь раз. И по Его милости, когда настанет мой час, я уже не узнаю об этом, и мне уже не о чем будет беспокоиться.

Покажи мне, о Бесконечный Дух, что и в бодрствовании и во сне, и в сознательной активности и в мечтаниях, и в жизни и в смерти меня всегда окружает Твое оберегающее присутствие.

— из книги *Whispers from Eternity*

Как избавиться от беспокойного сознания[1]

Беспокойство — психофизиологическое состояние сознания, в котором вас охватывает чувство беспомощности и тревоги, связанное с какой-либо неразрешенной проблемой. Возможно, вы сильно озабочены своим ребенком, своим здоровьем или платой за ипотеку. Не найдя сиюминутного решения, вы начинаете беспокоиться о сложившейся ситуации. И что вы получаете взамен? Головную боль, нервозность, проблемы с сердцем. Из-за того, что вы не анализируете четко себя и свои проблемы, вы не знаете, как взять под контроль свои чувства или ситуацию, в которую вы попали. Вместо того чтобы тратить время на беспокойство, начните размышлять о том, как можно устранить проблему. Если вы хотите

---

[1] Фрагменты из лекции, прочитанной в храме Self-Realization Fellowship в Энсинитасе. В полном объеме эта лекция представлена в книге Парамахансы Йогананды *The Divine Romance* (серия «Избранные лекции и эссе»).

избавиться от нее, бесстрастно проанализируйте свои трудности, записав на бумаге все «за» и «против»; затем определите, какие шаги будут лучшими для достижения цели.

Решайте свои финансовые проблемы творчески и без страха

Если у вас нет денег, вы чувствуете себя оставленным, вам кажется, что все идет наперекосяк. Но беспокойство не решит проблему. Начните действовать и твердо внушите себе: «Я переверну весь мир с ног на голову, чтобы получить то, что мне причитается. Миру придется удовлетворить мою потребность, если он хочет, чтобы я успокоился». Каждый, кто выполнил хоть какую-то работу, даже если он просто вырвал сорняк, сделал значимое дело на этой планете. Так почему бы каждому не получить причитающуюся ему долю земных богатств? Никто не должен голодать или быть отвергнутым.

Существующий сегодня денежный стандарт однажды прейдет — запомните мои слова. Деньги порождают жажду власти, и слишком часто они делают человека безразличным к страданиям других людей. В накоплении богатств нет ничего плохого, если состоятельный человек желает делиться с теми, кто в этом нуждается. В руках неэгоистичных людей деньги становятся благом, но в руках эгоистов они становятся проклятием. Я знал одного человека из Филадельфии, который обладал состоянием в десять миллионов долларов, но деньги так и не сделали его счастливым: они приносили лишь страдания. Он был не в состоянии угостить человека и чашечкой кофе за десять центов. Золото было создано для того, чтобы мы его использовали, но принадлежит оно одному лишь Божественному Духу. Каждое дитя Божие имеет право пользоваться золотом Господа. Вы не должны признавать неудачу и отказываться от своего права.

Бог сотворил вас Своим чадом. Вы же сделали себя попрошайкой. Если вы убедили себя в том, что вы беспомощный смертный, и позволили остальным убедить вас в том, что вы не сможете найти работу, значит, вы постановили в своем уме, что вы упали духом и сдались. Не Божье наказание и не злой рок, а ваше мнение о себе делает вас бедным или беспокойным. Успехи и неудачи создаются в вашем уме.

Пусть даже общественность настроена против вас — если с помощью своей всепобеждающей, данной Богом воли вы выразите убежденность в том, что вы просто не можете быть оставлены в страданиях, вы почувствуете, как к вам приходит невидимая божественная сила; вы увидите, что магнетизм этой убежденности и силы открывает вам новые возможности.

Не печальтесь о своем текущем положении и не беспокойтесь. Если вы откажетесь от беспокойства и будете должным образом прилагать усилия, вы сможете оставаться спокойным и непременно найдете способ достичь своей цели.

Запомните: всякий раз, когда вы беспокоитесь, в своем уме вы нажимаете на тормоз; борясь с этим сопротивлением, вы нагружаете сердце и ум. Вы же не будете пытаться ездить на своей машине с зажатым тормозом: так вы лишь повредите автомобиль. Беспокойство — это тормоз на колесах ваших усилий: оно не дает вам сдвинуться с места. В мире нет ничего невозможного — пока вы в этом уверены. Беспокойство может убедить вас в невозможности того, что вы хотите сделать.

Беспокойство истребляет ваше время и энергию. Так используйте же вместо него свой ум, для того чтобы предпринять конструктивную попытку. Лучше быть предприимчивым материалистом и добиться чего-либо, чем быть ленивым: лентяй оставлен и человеком, и Богом. Многие инициативные люди стали богатыми; но не делайте деньги мерилом успеха. Зачастую не деньги, а творческие способности, развитые в процессе их зарабатывания, приносят удовлетворение.

Чистая совесть — ключ к бесстрашной жизни

Глупо пытаться убежать от своих тревог, ведь, куда бы вы ни пошли, ваши тревоги следуют за вами. Вы должны научиться смотреть своим проблемам прямо в глаза — бесстрашно и с чистой совестью, как это делаю я. Сейчас я уже не молюсь о своей душе или о теле, ведь я получил вечное заверение от Господа. Этого достаточно. Для меня молитва уже означала бы сомнение. Моя совесть чиста, потому что я не сделал ничего плохого ни одному человеку. Я знаю, что это правда. Быть способным говорить себе: «Я никому не причиняю вреда» — значит быть самым счастливым человеком на земле.

Будьте другом для всех. Даже если кто-то предал вашу любовь и доверие, не беспокойтесь. Всегда будьте самим собой; вы тот, кто вы есть. Это единственно верный способ жить. Хотя все и не могут быть вашими друзьями, вы должны относиться дружески ко всем, ничего не ожидая взамен. Я понимаю и люблю всех, но я никогда не жду от кого-то взаимной дружеской симпатии и понимания. Благодаря этому принципу я живу в гармонии с миром и с самим собой, и у меня никогда не возникает повода для беспокойства.

Сокровище дружбы — самая ценная ваша собственность, потому что она останется с вами и после смерти. Всех своих истинных друзей вы вновь встретите в обители Отца, потому что настоящая любовь никогда не угасает. С другой стороны, ненависть тоже никогда не угасает. Все, что вы ненавидите, вы будете притягивать к себе снова и снова до тех пор, пока не преодолеете свою сильную неприязнь.

Вы не должны ненавидеть даже своих врагов. Абсолютно плохих людей не существует. Когда вы слышите, как кто-то играет на пианино, у которого сломана одна из клавиш, вы склонны думать, что само пианино плохое. Но неполадка касается лишь одной клавиши. Устраните эту неполадку, и вы поймете, что пианино на самом деле в отличном состоянии. Бог живет во всех Своих детях. Ненавидеть кого-либо — значит отвергать Его в себе и в других. Эта земля — Божья лаборатория. Мы сжигаем себя в огне смертных переживаний, для того чтобы вновь явить нашу божественную бессмертность, которая погребена под бренностью нашего сознания. Любите всех, держите в секрете свои намерения и не беспокойтесь.

Вручите свои проблемы Господу. Вы хороните самого себя, когда беспокоитесь. Вы же не хотите быть погребенным заживо своими тревогами! Зачем страдать и каждый день погибать от своего беспокойства? Неважно, через что вы проходите — бедность, печаль, проблемы со здоровьем, — помните, что кто-то на этой планете страдает в сотню раз сильнее. Относясь к себе как к неудачнику, вы уничтожаете себя и загораживаете всесильный свет Бога, Который все время пытается вам помочь.

Титикша: непоколебимость ума

Никакие ощущения или умственные муки не способны воздействовать на вас, когда ваше сознание отделено от них и закреплено в покое и радости Бога.

Санскритский термин *титикша* означает «непоколебимость». Я практиковал это в своей жизни. Я садился в ледяную воду и медитировал всю ночь напролет в ужасно холодную погоду. В Индии я с утра до вечера сидел на раскаленном песке. Таким образом я развил огромную умственную силу. Когда вы практикуете такую самодисциплину, ваш ум становится невосприимчивым к беспокойным обстоятельствам.

Если вы думаете, будто что-то вам не по силам, то ваш ум — раб. Освободите себя.

Я не имею в виду, что вы должны быть безрассудны. Постарайтесь возвыситься над всеми тревогами постепенно. Выдержка — вот чем вы должны обладать. Какой бы ни была ваша проблема, приложите все усилия, чтобы избавиться от нее без беспокойства; практикуйте при этом *титикшу*. Разве это не практичная мудрость? Если вы молоды и сильны, то по мере того, как вы будете укреплять свою волю и ум, вы сможете прибегать к более жестким методам самодисциплины, как это делал я.

Если вы полагаете, что зимой обязательно простудитесь, вы определенно не укрепляете свой ум. Вы уже приговорили себя к слабости. Когда у вас появляется мысль о том, что вы восприимчивы к простуде, сопротивляйтесь ей, говоря про себя: «Уйди прочь, простуда! Я соблюдаю все профилактические меры, и я не позволю волнению навлечь на меня болезнь, ослабив мой ум». Это — правильный умственный настрой. В своем сердце всегда прилагайте максимум усилий, но не тревожьтесь. Волнение лишь парализует ваши усилия. Если вы будете делать все от вас зависящее, Бог протянет вам руку помощи.

Помните, что ум не может страдать от боли, если он ее не признает. Ум не может страдать от бедности, если он не признает непривлекательность сложившегося положения. С Иисусом обходились очень жестоко, его жизнь была полна проблем, препятствий и неопределенности — но у него не было беспокойства. Помните: вы также являетесь Божьим сыном. Вы можете быть оставлены всеми, но Бог никогда вас не оставит, потому что Он любит вас. Вы никогда не должны волноваться, потому что Бог сотворил вас по Своему неукротимому образу.

Осознайте, что внутри вас вечно пребывает Небесный Отец. Скажите Ему: «В жизни и смерти, в здравии и болезни я не тревожусь ни о чем, ибо я Твой сын навеки».

Лев, который стал овцой
(пересказ древней индийской притчи)

Жила-была огромная беременная львица, которая страдала от сильного голода. С каждым днем детеныш в ее брюхе становился все тяжелее, затрудняя ей охоту за добычей. Даже когда львице удавалось засечь жертву, она терпела неудачу, так как была недостаточно быстра, чтобы ее догнать.

Рыча от тоски, отягощенная детенышем и изнемогающая от голода, львица устало бродила по лесу, уснув однажды в тени деревьев на опушке, где располагалось пастбище. Во сне ей привиделось стадо овец, щиплющих траву. Когда в своем сновидении она рванула с места, чтобы настичь добычу, она проснулась и наяву увидела большое стадо овец, пасущихся неподалеку.

Забыв в приступе радости про детеныша внутри, львица, одурманенная своим голодом, бросилась за молодой овцой. Она даже не заметила, что в тот момент, когда она, напрягшись, совершила отчаянный прыжок, у нее родился львенок.

Во время этой атаки овец парализовало от страха. Когда львица исчезла и паника улеглась, они обнаружили потерю сородича и стали сокрушаться о своем горе на овечьем языке. Но тут, к своему величайшему удивлению, они обнаружили маленького беспомощного львенка, стонущего посреди стада. Одна из овец пожалела его и приняла к себе, как своего родного детеныша.

Прошло несколько лет; осиротевший львенок повзрослел и обзавелся большой гривой и длинным хвостом. Однако жил он посреди овец и вел себя точно так же, как и они. Он не рычал — только блеял, а вместо мяса ел траву. И такой вот лев-вегетарианец достиг совершенства по части слабости и кротости, присущей ягненку.

Однажды на пастбище забрел другой лев, живший в соседнем лесу. Он был несказанно счастлив обнаружить на опушке целое стадо овец. Подгоняемый своей радостью и чувством голода, лев начал преследовать убегающее стадо, как вдруг, к своему неописуемому удивлению, увидел «овцельва»: с высоко поднятым хвостом тот мчался впереди стада.

Остановившись, охотящийся лев задумался: «Я могу понять, почему от меня убегают овцы, но никак не могу уяснить, почему обратился в бегство могучий лев. Что бы это значило?»

Охваченный решимостью догнать беглеца, лев-охотник помчался изо всех сил и набросился на него. От страха овцелев потерял сознание. Еще никогда лев-охотник не был так сильно озадачен. Ударом своей лапы он привел овцельва в чувство и стал громко его отчитывать:

— Проснись! В чем дело? Почему ты, лев, убегаешь от своего собрата?

Закрыв глаза, овцелев заблеял овечьим голосом:

— Пожалуйста, отпусти меня. Не убивай меня! Я всего лишь овца из того стада, что сбежало и бросило меня на произвол судьбы.

— Ага! Теперь я понимаю, почему ты блеешь, — сказал лев-охотник. Задумавшись на мгновение, он схватил овцельва за гриву и потащил его к озеру на краю пастбища. Когда они достигли берега, лев-охотник принудил одурманенного сородича посмотреть на свое отражение в воде, начав его сильно трясти, поскольку глаза овцельва были все еще плотно зажмурены.

— Что с тобой? — спросил лев-охотник. — Открой глаза и убедись, что ты не овца!

— Пожалуйста, не убивай меня. Отпусти! Я не лев, я бедная беспомощная овца, — заблеяло в ответ глупое животное.

Лев-охотник рассвирепел и дал своему пленнику хорошую встряску. Открыв глаза, овцелев, к своему изумлению, увидел в воде отражение не овечьей головы, а львиной — такой же, какая была у того, кто его тряхнул мощными лапами.

Лев-охотник сказал:

— Посмотри на мое отражение и на свое. Они одинаковы. А мой голос — рычание, а не блеяние. И ты должен рычать, а не блеять!

Овцелев, уже поверив в услышанное, попробовал зарычать. Вначале у него получилось только рычащее блеяние. Но под тяжелыми шлепками и увещеваниями своего нового друга он наконец смог зарычать по-настоящему. И тогда уже оба льва побежали по полю вместе.

Эта история показывает, как большинство из нас, будучи сотворенными по образу и подобию всемогущего Божественного Льва Вселенной, помнят только то, что они родились и выросли в «овечьем загоне» — загоне человеческой слабости. Поэтому мы испуганно «блеем» перед лицом болезней, нужды, печали и смерти, вместо того чтобы «зарычать» на земные иллюзии и невежество и продемонстрировать им свою силу и бессмертность.

Непобедимый Лев истинного «Я»

Я детеныш Божественного Льва, который был заперт в овечьем загоне слабостей и ограничений. Долгое время я жил в страхе посреди стада овец, день за днем издавая лишь звуки блеяния. Я забыл, как звучит мой могучий рык, распугивающий всех врагов страдания.

О Непобедимый Лев моего истинного «Я»! Ты привел меня к озеру медитации и сказал: «Ты лев, а не овца! Открой глаза и зарычи!»

После того как Ты дал встряску моим духовным устремлениям, я взглянул в зеркальные воды покоя и — о чудо! — узрел, что лицо мое неотличимо от Твоего!

Теперь я знаю, что я — лев космической силы. Я уже не блею — я сотрясаю лес своих ошибок раскатами Твоего всемогущего рыка. На воле я брожу в джунглях земных иллюзий, жадно поедая мелких зверей досаждающих мне тревог и страхов и диких гиен неверия.

Жить бесстрашно

О Лев Освобождения, да буду я всегда издавать Твой рык всепобеждающего мужества!

— из книги *Whispers from Eternity*

Путь к неизменному бесстрашию: познание своей бессмертности посредством медитации

Чувствовали ли вы когда-нибудь, что находитесь во власти обстоятельств, что вы охвачены тревогой, подавлены, опустошены, лишены сил? Гоните такие мысли! У вас есть силы — вы просто их не используете. У вас есть столько сил, сколько вам требуется. Нет ничего более могущественного, чем сила ума.

Вам необходимо проанализировать, почему вы ведете себя именно так, а не иначе. Некоторые люди очень боязливы — страх становится их привычкой. Каждый день они культивируют в себе мысли о страхе, и поэтому их жизнь омрачается беспокойством и тревогой. Но разве в этом есть смысл? Все мы рано или поздно умрем. Это произойдет лишь раз, и на этом все закончится. Так зачем же нам бояться этого сейчас? Зачем нам каждый день умирать от страха? Когда вы научитесь мыслить ясно, вы увидите, сколько глупых эмоций и действий наполняют вашу каждодневную жизнь, принося вам ненужные страдания.

Это правда, что эго человека обретает форму и индивидуальные качества определенной личности только один раз. Но несмотря на то, что эго расстается с индивидуальностями многих своих инкарнаций, оно все же несет в глубине своего подсознания память обо всех удовольствиях и ужасах прошлых жизней. Каждый человек чувствует внутри себя какие-то глубинные страхи, которые исходят от темных переживаний давно забытых жизней.

Те, кто эмоционально реагирует на постоянно изменяющиеся картины сна жизни, будут таким же бурным образом воспринимать картины сна смерти и новых инкарнаций. Но навязчивые призраки необъяснимых страхов уничтожаются с помощью глубокого медитативного состояния — *самадхи*.

———•———

Освободите свой ум от привычек, которые удерживают вас в материальном сознании. Улыбайтесь неувядающей улыбкой Бога. Улыбайтесь той беззаботной и могущественной улыбкой на миллион, которую никто не сможет у вас отобрать. Каждый миг живите в осознании своей связи с Бесконечным.

———•———

Осознание того, что наша способность думать, говорить, чувствовать и действовать исходит от Бога и что Он, пребывая всегда с нами, нас вдохновляет и направляет, принесет мгновенное освобождение от нервозности. Вместе с этим осознанием придут всплески божественной радости, и глубокое просветление охватит все существо человека, стирая в его памяти само понятие страха. Подобно могучему океану, Божья сила станет приливать, наполняя сердце очищающими водами и снося все барьеры иллюзорных сомнений, нервозности и страха. Обманчивость материи и осознание себя лишь бренным телом преодолеваются переживанием безмятежного покоя, исходящего от Духа. Такое переживание становится досягаемым, если медитировать ежедневно. Так вы познаете, что тело — это всего лишь пузырик энергии в космическом море Духа.

Бог создал нас ангелами энергии, заключенными в твердую субстанцию плоти, материальную лампочку которой питает ток жизни. Однако мы сосредотачиваемся лишь на тленности и хрупкости этой оболочки. Мы совсем забыли, что можем ощутить бессмертные и нерушимые свойства неизменной жизненной энергии, текущей внутри постоянно изменяющейся плоти.

Вам только снится, что у вас есть тело из плоти и крови. Ваша истинная сущность — свет и сознание. Вы не физическое тело. Видимость нашего тела вводит в заблуждение наше материальное сознание. Если вы будете развивать сверхсознание — восприятие своего истинного «Я», своей души, — вы поймете, что тело — это всего лишь проекция нашей невидимой внутренней сущности. Тогда вы сможете заставить его делать все. Только не пытайтесь ходить по воде прямо сейчас!

———•———

Требуется духовное усилие, чтобы изменить наше сознание; чтобы от веры в материальность смертного тела перейти к осознанию того, что наша «твердая» плоть сотворена из бессмертной, неиссякаемой энергии, сконденсированной в человеческую форму. И эта форма поддерживается Божественной Разумной Космической Энергией, наполняющей нас и все вокруг.

———•———

Чистая энергия неуязвима. Ее нельзя повредить в автомобильной катастрофе или ревматизмом, аппендицитом, раком или туберкулезом. Ее нельзя рассечь мечом, прострелить пистолетом или сжечь в огне. Нам нужна практическая религия, которая научит нас осознавать себя как душу, заключенную в тело вечной лучистой энергии.

———•———

Направляйте луч своего внимания внутрь, подальше от ограниченного видимого человека. У физического тела то спина болит, то живот, а с годами оно еще и изнашивается. Физическое тело — это надоедливое маленькое животное! Оно вечно что-то выпрашивает, скулит и ноет. Видимый человек не выдерживает падения с большой высоты и иногда сжимается даже от булавочного укола; невидимого же человека ничто не может ранить. Он свободен. Он может устранить все проблемы физического тела. Невидимый человек внутри вас и есть настоящий вы. «Знай как нерушимого Того, Кем пронизано все сущее. Ничто не в силах разрушить Неизменный Дух»[1].

Вы думаете, что вы тело, но нет — вы не тело. Кусок льда можно растопить и превратить в жидкость, а затем в пар. Этот процесс можно и обратить: сконденсировать пар в жидкость, заморозить жидкость, и тем самым снова превратить ее в твердое вещество — лед. Обычный человек еще не научился осуществлять подобные преобразования с атомами своего тела, но Христос продемонстрировал, что это возможно.

Мы входим в тот этап эволюционного развития, когда все больше осознаем, что мы — невидимые существа, души. Жить просто лишь в осознании этого видимого тела — значит тормозить свое духовное развитие, ибо тело подвержено болезням, повреждениям, нищете, голоду и смерти. Мы не должны думать о себе как об этом видимом, уязвимом и бренном теле. Невидимый человек внутри нас не может быть поврежден и убит. Так не должны ли мы все больше

---

[1] Бхагавад-Гита II:17.

и больше стремиться осознать нашу непознанную бессмертную природу? Усовершенствовав свое знание этого невидимого «я», мы сможем взять под контроль человека видимого, как это сделали великие духовные мастера. Даже когда видимый человек проходит через болезненные переживания, тот, кто осознает божественную силу своего невидимого внутреннего «я», может оставаться отстраненным от физического страдания.

Как вы можете достичь такого контроля? Во-первых, вы должны научиться больше жить в тишине, вы должны научиться медитировать. Вначале это может показаться малоинтересным: вы так срослись со своим видимым телом, что думаете только о его нескончаемых проблемах, желаниях и требованиях. Но нужно сделать усилие. Закрывая глаза, повторяйте снова и снова: «Я сотворен по образу и подобию Божьему. Ничто не может разрушить мою жизнь. Я — бессмертный невидимый человек».

Этот невидимый человек сотворен по образу и подобию Бога, он свободен в той же степени, в какой свободен Дух. В человеке же видимом кроются все проблемы и ограничения мира. Всякий раз, когда мы осознаем свое тело, мы порабощаемся его ограничениями. Поэтому великие духовные мастера учат нас закрывать глаза и посредством медитации на невидимое «я» напоминать себе, что мы не ограничены нашим телом.

В медитации вы всматриваетесь в темноту, скрывающуюся за закрытыми глазами, и фокусируете свое внимание на своем невидимом внутреннем «я» — душе. Обучаясь управлять своими мыслями и погружаться умом внутрь себя с помощью техник медитации, данных вашим гуру, вы постепенно разовьетесь духовно, ваша медитация станет глубже, и ваше невидимое «я», ваша душа — образ Бога внутри вас — станет для вас реальностью. В этом радостном пробуждении Самореализации ограниченное телесное сознание, ранее реальное для вас, станет нереальным, и вы познаете, что обрели свое истинное непобедимое «Я» и свое единство с Богом.

Приложите наивысшее усилие, чтобы найти Бога. Я излагаю вам практическую истину и даю вам философию, которая полностью освободит вас от осознания боли. Ничего не бойтесь.

Медитируйте глубоко и преданно, и однажды вы пробудитесь в экстатическом блаженстве Господа. Тогда вы поймете, как глупо было думать, что люди страдают. И вы, и я, и они — все мы чистый Дух.

О Вездесущий Защитник! Когда грозовые тучи войны посылают ливни отравляющего газа и огня, будь моим убежищем!

В жизни и смерти, в болезни, голоде или крайней нищете да буду я держаться только за Тебя. Дай мне осознать, что я бессмертный Дух, на Которого не воздействуют никакие изменения — ни те, через которые проходит мир, ни те, которым подвергается это тело в детстве, молодости и старости.

— из книги Whispers from Eternity

Обретите внутреннюю уверенность, что Бог с вами[1]

На санскрите слово «вера» звучит очень выразительно — «висвас». Буквально это слово переводится как «легко дышать, доверять, быть свободным от страха»; но это не передает его полного значения. Санскритское слово «свас» обозначает движение дыхания, подразумевая тем самым непосредственно жизнь и чувства. «Ви» — «противоположный, лишенный чего-то». Все вместе это означает, что тот, чьи чувства, дыхание и жизненная энергия пребывают в покое, может обрести веру, порожденную интуицией. Беспокойные люди такой верой обладать не могут. Развитие интуитивного спокойствия требует раскрытия внутреннего мира. Когда интуиция достаточно развита, она приносит

---

[1] Отрывки из книги *Journey to Self-Realization* (серия «Избранные лекции и эссе»).

мгновенное осознание истины. Путь к такому осознанию — медитация.

Медитируйте терпеливо и настойчиво. В нарастающем спокойствии вы сможете войти в сферу интуиции души. Все, кто на протяжении веков достигал просветления, погружались в этот внутренний мир единения с Богом. Иисус говорил: «Ты же, когда молишься, войди в комнату твою и, затворив дверь твою, помолись Отцу твоему, Который втайне; и Отец твой, видящий тайное, воздаст тебе явно»[2]. Погружайтесь внутрь своего истинного «Я», закрывая двери чувств и их связей с беспокойным миром, и тогда Бог откроет вам все Свои чудеса и секреты.

———•———

Если вы живете в осознании того, что вы Его дитя, а Он ваш Отец, и если вы твердо постановили для себя всегда делать все, что в ваших силах, тогда, несмотря на все препятствия и даже ошибки, Его сила

---
2 Мф. 6:6.

будет рядом с вами, готовая прийти к вам на помощь. Я живу по этому закону.

Когда я намеревался отправиться в лекционный тур из Сан-Франциско [в 1925 году], у меня на банковском счете было лишь двести долларов. Этого не хватало даже на первую поездку; к тому же нужно было оплатить множество больших счетов. Тогда я сказал себе: «Господь со мной. Это Он послал мне такую трудность, и это Он позаботится обо мне. Я выполняю Его работу, и я знаю, что Он мне поможет». Если вы *знаете*, что Он с вами, тогда, даже если от вас отвернется весь мир, Его закон сотворит для вас чудо.

Когда меня навестил мой секретарь, я поставил его в известность о том, сколько у нас было денег в банке. У него в буквальном смысле подкосились ноги, и он рухнул на пол. Я сказал: «Вставайте!» Он весь затрясся: «Нас посадят в тюрьму за неуплату счетов!» «Нас не посадят в тюрьму. Через семь дней найдутся все деньги, что нам нужны для тура», — ответил я.

Он был Фомой неверующим — но я был исполнен веры. Деньги мне нужны были не для собственной выгоды, а для того, чтобы делать Божье дело. Поэтому у меня не было страха даже перед огромными трудностями. Это страх боится меня! И потом, зачем чего-то опасаться? Ничто не должно пугать вас. Решайте все свои проблемы с верой в Бога, и вы победите.

В Бхагавад-Гите говорится: «Погрузившись сердцем в Меня, по милости Моей ты преодолеешь все препятствия»[3]. И что вы думаете? Когда я прохаживался перед отелем «Палас», ко мне подошла пожилая женщина и спросила:

— Можно с вами поговорить?

Мы обменялись несколькими фразами, и тут она ни с того ни с сего сказала:

— У меня денег — куры не клюют! Вы не будете против, если я вам помогу?

Я ответил:

— Мне не нужны ваши деньги. И почему вы хотите дать их именно мне, если вы меня совсем не знаете?

---

3 XVIII:58.

— Но я вас знаю. Я столько слышала о вас! — воскликнула она и тут же выписала чек на двадцать семь тысяч долларов. Я узрел в этом Божью руку.

Я живу верой в Бога. В Нем вся моя сила. Я не верю ни в какую другую силу. Когда я концентрируюсь на этой Силе, она работает через меня. Эта же Сила работает и с вами. Вы сами убедитесь в этом, если уверуете и познаете, что процветание приходит не от материальных источников, а от Бога.

Господь вовсе не говорит, что вы не должны думать самостоятельно; и Он не говорит, что вы не должны проявлять инициативу. Безусловно, вам необходимо прилагать собственные усилия. Речь здесь о том, что если вы отрежете себя от Источника своими неразумными действиями и желаниями, своим неверием или нежеланием общаться с Ним, то вы не сможете получить Его всесильную помощь. Если же вы сонастраиваетесь с Божьей волей, Он поможет вам действовать правильно и без ошибок.

А начинать нужно с глубоких и регулярных утренних и вечерних медитаций. Чем больше вы будете медитировать, тем больше будете осознавать, что за сферой обыденного сознания скрывается Нечто, наполненное великим покоем и счастьем. Практикуйте это ощущение покоя и счастья, ибо это первое доказательство присутствия Бога внутри вас. Это именно то, что вам нужно.

Вот так надобно поклоняться Истине — ибо поклоняться мы можем только тому, что познали лично. Большинство же людей поклоняются Богу как Чему-то неосязаемому; но когда вы начнете поклоняться Ему как Чему-то реальному, доступному вашему внутреннему восприятию, вы почувствуете всевозрастающее присутствие Его Силы в вашей жизни. И ничто другое не принесет вам того контакта с Богом, который рождается в глубокой медитации. Неослабные попытки расширить то чувство покоя и счастья, которое рождается в медитации, — это единственный путь к познанию Бога.

Молиться Господу о Его руководстве надо после того, как, помедитировав, вы почувствовали внутреннюю радость и покой, то есть когда вы установили с Ним божественный контакт. И если вы испытываете какую-либо нужду, скажите об этом Богу и спросите

Его, приемлема ли ваша просьба. Если внутренне вы почувствовали, что ваше желание приемлемо, молитесь: «Господи, Ты знаешь, в чем я нуждаюсь. Я буду размышлять, применять творческое мышление и делать все, что в моих силах. У Тебя я прошу лишь одного: направляй мою волю и творческие способности, чтобы я все сделал правильно».

Будьте честны с Богом. Возможно, у Него есть для вас что-то получше, чем то, о чем вы молитесь. Иногда ваши самые страстные молитвы и желания становятся вашими злейшими врагами — это факт. Говорите с Богом искренне и позвольте Ему решать, что для вас будет лучше. Если вы восприимчивы, Он будет вас направлять и работать с вами. И даже если вы совершите ошибку, не бойтесь. Верьте в Него! Знайте, что Бог с вами. Руководствуйтесь во всем этой Силой. Она — безупречный проводник. Эта истина применима для каждого из вас.

Быть бесстрашным — значит иметь веру в Бога

Бесстрашие — тот незыблемый фундамент, на котором должно возводиться здание духовной жизни. Быть бесстрашным — значит иметь веру в Бога, в Его защиту, справедливость, мудрость, милосердие, любовь и вездесущность.

Страх крадет у человека неукротимость его души. Нарушая природную гармонию, исходящую из источника божественной силы внутри человека, страх порождает физические, умственные и духовные нарушения. Очень сильный страх может даже вызвать остановку сердца и скоропостижную смерть. Продолжительное беспокойство провоцирует психологические комплексы и хроническую нервозность.

Страх привязывает ум и сердце (чувства) к «внешнему» человеку, из-за чего сознание отождествляется с физическим или умственным беспокойством. Таким образом, душа вынуждена сосредотачиваться на эго, теле и объектах страха. Богоискатель должен отбросить любого рода опасения, осознав, что они препятствуют его концентрации на неизменном покое души.

Смерть — это, пожалуй, наивысшее испытание для человеческой веры. Глупо бояться ее неизбежности. Она приходит лишь раз в жизни, и на этом все заканчивается; наше истинное «Я» и наша индивидуальность при этом не затрагиваются и не претерпевают никаких изменений.

Болезнь — это тоже своеобразный вызов, брошенный нашей вере. Заболевший человек должен поставить себе задачу избавиться от своей болезни. И даже если врачи признают его состояние безнадежным, он должен оставаться спокойным, ибо страх закрывает глаза веры во всемогущее и сострадательное Божье Присутствие. Отбросив все тревоги, человек должен произносить аффирмацию: «Я в полной безопасности, ибо нахожусь в крепости Твоей заботы и любви». Бесстрашный богоискатель, поверженный неизлечимой болезнью, концентрируется на Господе и готовится к освобождению из телесной тюрьмы и вхождению в прекрасный астральный мир. В следующей жизни он будет еще ближе к своей цели — окончательному освобождению. Человек же, умирающий в страхе, поддается отчаянию и теряет свою веру в Бога, а также память о своей бессмертной природе. Его страх и слабость перейдут вместе с ним в следующую инкарнацию; и эти оттиски прошлого вполне могут притянуть к нему те же несчастья — как продолжение невыученного кармического урока. Герой-богоискатель может проиграть битву со смертью, зато он победит в войне за освобождение. Всем людям надлежит усвоить, что сознание души побеждает любые внешние невзгоды.

Если подсознательный страх регулярно вторгается в сознание человека, несмотря на его упорное мысленное сопротивление, значит, кармическая матрица «сидит» глубоко внутри него. В таком случае богоискатель должен с еще большим упорством пытаться уводить свое внимание от чувства страха, пропитывая свой сознательный ум мыслями о мужестве и отваге. И, что самое главное, он должен полностью вручить себя в надежные руки Господа. Чтобы достичь Самореализации, человек должен быть бесстрашным.

Бесстрашное вверение себя Богу — наивысшая вера

Жизнь, ее цель и ее суть — это загадка, загадка сложная, но все же разрешимая. Мысля прогрессивно, мы каждый день разгадываем некоторые ее секреты. Но даже несмотря на все наши приемы, стратегии и изобретения, мы кажемся лишь игрушками в руках судьбы, и нам еще предстоит пройти долгий путь, прежде чем мы сможем освободиться от всевластия природы.

Быть полностью зависимым от природы — это не свобода. Наши энергичные умы быстро становятся беспомощными, когда нас атакуют наводнения, смерчи и землетрясения, либо когда болезни или несчастные случаи неожиданно лишают нас дорогих нам людей. Только тогда мы понимаем, что на самом деле не имеем такой уж большой власти над природой. Несмотря на все наши усилия устроить свою жизнь так, как мы хотим, на этой планете всегда будут существовать бесчисленные обстоятельства, неподвластные нашему контролю, — те обстоятельства, которые управляются неведомым Разумом, действующим без нашей санкции. Даже несмотря на кажущуюся определенность, наша жизнь все равно остается неопределенной и непредсказуемой.

Именно поэтому нам необходимо полагаться на свое истинное бессмертное «Я» и на то Высшее Божество, по образу Которого наше «Я» сотворено. Нам нужна вера, свободная от эгоизма, страха и принуждения.

Практикуйте абсолютную, бесстрашную веру в эту Высшую Силу. И не переживайте, если сегодня вы решили стать свободным и неуязвимым, а завтра подхватите простуду. Не сдавайтесь! Прикажите своему сознанию быть твердым в своей вере! Ваше истинное «Я» не подвержено болезням. Телесные недомогания приходят к вам по закону приобретенных привычек нездоровья, заложенных в вашем подсознании. Подобные кармические проявления не ослабляют действенность веры и ее динамическую силу.

Крепко держитесь за штурвал веры и не обращайте внимания на «непогоду». Будьте сильнее злого рока и всех опасностей! Чем больше влияния будет оказывать на вас обретенная вами вера, тем быстрее вы освободитесь от рабства своей слабости.

Ни одно кровяное тельце не сдвинется с места внутри вас, ни одна толика воздуха не войдет в ваши ноздри без Божьего повеления. Поэтому абсолютное ввepeниe себя в руки Господа является критерием веры. Вверять себя Богу не значит лениться, ожидая, что Он все будет делать за нас, ибо для достижения желаемых результатов мы должны прилагать наивысшее усилие и со своей стороны. На самом деле мы должны вверять себя Господу из любви к Нему и преклонения перед Его могуществом.

Я буду считать свою работу выполненной, если смогу пробудить в вас хотя бы мельчайшую искру той любви, что я чувствую к своему Небесному Отцу. [В юности] я потратил много времени, чтобы познакомиться с Ним. Я уже думал, что в этой жизни так и не смогу этого добиться — мой ум был таким беспокойным! Но всякий раз, когда ум пытался меня перехитрить, побуждая меня пропустить медитацию, я сам шел на хитрость и говорил ему: «Я буду сидеть здесь, не обращая внимания ни на какие шумы или другие отвлекающие факторы. И я досижу до конца — даже если для этого мне придется умереть!» Благодаря своей настойчивости я начал периодически видеть проблески Божественного Духа: словно искорки, они вспыхивали и угасали то здесь, то там, так близко, и все же так далеко... Тем не менее я оставался твёрд в своем намерении. О, как терпеливо я ждал! Я ждал с бесконечной решимостью в незримой тишине. И чем глубже становилась моя концентрация, тем яснее и осязаемее становилось Его присутствие. Теперь Он всегда со мной.

Быть бесстрашным — значит иметь веру в Бога

Вы благословлены, ибо слышите это божественное послание, послание Духа, которое раскрывает тайну всей Вселенной! Чего же вы боитесь? Отбросьте все страхи! Вам будет уже нечего бояться, когда вы прикоснетесь к Великой Силе Духа, Который управляет силами самого мироздания и всем его механизмом. Что может быть вашей самой большой надеждой, самой надежной защитой, которую вы ищете, как не связь с Тем Бесконечным, Кто есть суть всего?

Он единственная безопасная гавань, в которой можно укрыться от штормов этого мира. «Со всем пылом своего сердца ищи прибежища в Нем. Его милостью ты обретешь наивысший покой и Вечную Защиту»[1]. В Нем я нашел радость моей жизни, невыразимое блаженство моего существования и дивное осознание Его присутствия во мне. Я хочу, чтобы и вы обрели это.

---

1 Бхагавад-Гита XVIII:62.

Эпилог

«Стойте непоколебимо посреди крушения миров»

В конце концов вы должны будете осознать, что вы — часть Великого. Сделайте познание Бога своей целью. Махаватар Бабаджи сказал, что даже капля этой *дхармы* — праведного дела, поисков Бога — спасет вас от ужасных страхов[1].

Перспектива смерти, неудачи или других мучительных проблем вызывает в человеке сильный страх. Когда вы не в состоянии помочь себе; когда ваша семья не способна ничего сделать для вас; когда никто не может предложить вам помощь, — что происходит в вашей голове? Зачем позволять себе

---

1 Перефразированный стих (II:40) из Бхагавад-Гиты. Махаватар Бабаджи, верховный гуру в преемственной линии просветленных мастеров SRF, часто цитировал этот стих, говоря о *Крийя-йоге*.

Эпилог

оказываться в таком положении? Найдите Бога и обретите убежище в Нем!

Кто был с вами прежде, чем кто-либо другой? Бог. А когда вы покинете эту землю, кто будет с вами? Только Бог. Но вы не сможете познать Его позже, если не подружитесь с Ним сейчас. Если вы будете искать Бога со всей серьезностью, вы найдете Его.

———•———

Пришло время осознать цель религии: установить связь с этой Высшей Радостью, которая есть Бог, великий и вечный Утешитель. Если вы сможете найти эту Радость, и если вы будете удерживать ее в любых обстоятельствах, тогда вы сможете стоять непоколебимо даже посреди крушения миров.

———•———

Ничего не бойтесь. Даже если вас бросают штормовые волны, вы по-прежнему находитесь на поверхности океана. Всегда держитесь за осознание Божьего присутствия. Сохраняйте равновесие ума и говорите: «Я бесстрашен. Я создан из Божественной субстанции. Я — огненная искра Духа. Я — атом Космического Пламени. Я — частица бескрайнего вселенского тела моего Небесного Отца. Я и Отец — одно».

ОБ АВТОРЕ

Парамаханса Йогананда широко известен как один из наиболее выдающихся духовных деятелей нашего времени. Он родился в Северной Индии в 1893 году; более тридцати лет — вплоть до своей кончины в 1952 году — он прожил в Соединенных Штатах, где распространял древнюю индийскую науку медитации и обучал искусству гармоничной духовной жизни. Изданная огромными тиражами «Автобиография йога», а также другие книги Парамахансы Йогананды познакомили миллионы читателей с неувядающей мудростью Востока. Его духовная и гуманитарная работа продолжается обществом Self-Realization Fellowship[1], основанным самим Парамахансой Йогонандой в 1920 году для распространения его учений по всему миру. В

---

[1] Букв. «Содружество Самореализации»; произносится как [сэлф риализэйшн феллоушип]; сокр. SRF [эс-эр-эф]. Парамаханса Йогананда объяснил, что название общества означает «союз с Богом через Самореализацию (осознание своего истинного „Я") и братскую дружбу со всеми искателями Истины».

настоящий момент президентом и духовной главой Self-Realization Fellowship является брат Чидананда.

УЧЕНИЕ ПАРАМАХАНСЫ ЙОГАНАНДЫ О КРИЙЯ-ЙОГЕ: ДОПОЛНИТЕЛЬНЫЕ РЕСУРСЫ

Общество Self-Realization Fellowship всегда оказывает поддержку духовным искателям всего мира. Мы приглашаем Вас посетить наш сайт или главный международный офис по нижеуказанному адресу, где Вы сможете найти информацию о медитациях и вдохновенных службах, проводимых в наших храмах и медитационных центрах в разных странах мира, а также ознакомиться с расписанием предлагаемых лекций, занятий, ретритов и других мероприятий.

www.yogananda.org

Self-Realization Fellowship
3880 San Rafael Avenue
Los Angeles, CA 90065-3219
+1 (323) 225-2471

Публикации общества Self-Realization Fellowship

ПАРАМАХАНСА ЙОГАНАНДА «АВТОБИОГРАФИЯ ЙОГА»

Эта знаменитая автобиография представляет собой одновременно увлекательнейший рассказ о совершенно необыкновенной жизни и глубокое осмысление тайн человеческого бытия. Названная уникальной духовной работой в момент своего первого выхода в печать, «Автобиография йога» и по сей день остается одной из самых популярных и уважаемых книг о мудрости Востока.

Завораживая своей искренностью, красочным слогом и остроумием, Парамаханса Йогананда описывает вдохновляющие события своей жизни: неординарные переживания детства; встречи с мудрецами и святыми в пору юношества, когда он ездил по Индии в поисках просветленного учителя; десять лет духовного обучения в ашраме под руководством глубоко почитаемого мастера йоги и тридцать лет духовного наставничества в Америке. Он также запечатлел свои встречи с Махатмой Ганди, Рабиндранатом Тагором, Лютером Бербанком, католической стигматисткой Терезой Нойман и другими знаменитыми духовными личностями Востока и Запада.

«Автобиография йога», снискавшая себе звание современной духовной классики, была переведена на множество языков и широко используется в учебных программах колледжей и университетов. Будучи неизменным бестселлером, книга проложила свой путь к сердцам миллионов читателей по всему миру.

«Исключительно ценная работа»

– *The New York Times*

«Очаровательное, снабженное исчерпывающими комментариями исследование»

– *Newsweek*

«Ни на английском, ни на каком-либо другом европейском языке йога до сих пор еще не была представлена подобным образом»

– Columbia University Press

КНИГИ ПАРАМАХАНСЫ ЙОГАНАНДЫ НА РУССКОМ ЯЗЫКЕ

Нижеперечисленные книги можно приобрести в книжных интернет-магазинах или напрямую у издателя на сайте www.srfbooks.org

«Автобиография йога»

«Закон успеха»

«Вечный поиск»

«Как говорить с Богом»

«Быть победителем в жизни»

«Почему Бог допускает зло»

«Метафизические медитации»

«Научные целительные аффирмации»

«Жить бесстрашно»

«Религия как наука»

«Внутренний покой»

«Высказывания Парамахансы Йогананды»

В издательстве «София» (www.sophia.ru) можно приобрести следующие книги:

«Автобиография йога»

«Бхагавадгита: Беседы Бога с Арджуной»

КНИГИ ПАРАМАХАНСЫ ЙОГАНАНДЫ НА АНГЛИЙСКОМ ЯЗЫКЕ

Доступны напрямую у издателя:

Self-Realization Fellowship
3880 San Rafael Avenue • Los Angeles, California 90065-3219
Тел. (323) 225-2471 • Факс (323) 225-5088
www.srfbooks.org

Autobiography of a Yogi

God Talks With Arjuna:
The Bhagavad Gita
A New Translation and Commentary

The Second Coming of Christ:
The Resurrection of the Christ Within You
A Revelatory Commentary on the Original Teachings of Jesus

The Yoga of the Bhagavad Gita

The Yoga of Jesus

The Collected Talks and Essays
Volume I:
Man's Eternal Quest

Volume II:
The Divine Romance

Volume III:
Journey to Self-realization

Wine of the Mystic:
The Rubaiyat of Omar Khayyam
A Spiritual Interpretation

Songs of the Soul

Whispers from Eternity

Scientific Healing Affirmations

In the Sanctuary of the Soul:
A Guide to Effective Prayer

The Science of Religion

Metaphysical Meditations

Where There Is Light
Insight and Inspiration for Meeting Life's Challenges

Sayings of Paramahansa Yogananda

Inner Peace:
How to Be Calmly Active and Actively Calm

Living Fearlessly
Bringing Out Your Inner Soul Strength

The Law of Success

How You Can Talk With God

Why God Permits Evil and How to Rise Above It

To Be Victorious in Life

Cosmic Chants

АУДИОЗАПИСИ ПАРАМАХАНСЫ ЙОГАНАНДЫ НА АНГЛИЙСКОМ ЯЗЫКЕ

Beholding the One in All

The Great Light of God

Songs of My Heart

To Make Heaven on Earth

Removing All Sorrow and Suffering

Follow the Path of Christ, Krishna, and the Masters

Awake in the Cosmic Dream

Be a Smile Millionaire

One Life Versus Reincarnation

In the Glory of the Spirit

Self-Realization: The Inner and the Outer Path

ДРУГИЕ ИЗДАНИЯ SELF-REALIZATION FELLOWSHIP НА АНГЛИЙСКОМ ЯЗЫКЕ

The Holy Science
Swami Sri Yukteswar

Only Love:
Living the Spiritual Life in a Changing World
Sri Daya Mata

Finding the Joy Within You:
Personal Counsel for God-Centered Living
Sri Daya Mata

Intuition:
Soul Guidance for Life's Decisions
Sri Daya Mata

God Alone:
The Life and Letters of a Saint
Sri Gyanamata

"Mejda":
The Family and the Early Life of Paramahansa Jogananda
Sananda Lal Ghosh

Self-Realization
(ежеквартальный журнал, основанный Парамахансой Йоганандой в 1925 году)

DVD (ДОКУМЕНТАЛЬНЫЙ ФИЛЬМ)

AWAKE:
The Life of Yogananda.
(производство CounterPoint Films)

УРОКИ SELF-REALIZATION FELLOWSHIP

Крийя-йога и другие научные техники медитации, которым обучал Парамаханса Йогананда, а также его руководство по всем аспектам сбалансированной духовной жизни представлены в серии уроков для домашнего изучения — *Self-Realization Fellowship Lessons*. Пожалуйста, посетите сайт www.srflessons.org, чтобы запросить бесплатные брошюры, в которых содержится вся необходимая информация об этих уроках.

Self-Realization Fellowship
3880 San Rafael Avenue
Los Angeles, CA 90065-3219
Телефон +1(323) 225-2471 • Факс +1(323) 225-5088

www.yogananda.org

www.ingramcontent.com/pod-product-compliance
Lightning Source LLC
Chambersburg PA
CBHW032144040426
42449CB00005B/392